TEACHER RECORD

MW01055038

THIS BOOK BELONGS TO:

Name ______________________________

School ______________________________

Grade/Subject ______________________________

Room ______________________________

School Year ______________________________

Address ______________________________

Phone ______________________________

Teacher Created Resources, Inc.
6421 Industry Way
Westminster, CA 92683
www.teachercreated.com

ISBN: 978-1-57690-119-9

Reprinted, 2014
Made in U.S.A.

Teacher Created Resources

Student Roster

Name	Guardian	Telephone	Address
1.			
2.			
3.			
4.			
5.			
6.			
7.			
8.			
9.			
10.			
11.			
12.			
13.			
14.			
15.			
16.			
17.			
18.			

Student Roster

Name	Guardian	Telephone	Address
19.			
20.			
21.			
22.			
23.			
24.			
25.			
26.			
27.			
28.			
29.			
30.			
31.			
32.			
33.			
34.			
35.			
36.			

Year-at-a-Glance

September	October	November

December	January	February

Year-at-a-Glance

March	April	May

June	July	August

SUBJECT ______________________________

Week	Week____					Week____					Week____					Week____					Week____			
Day	M	T	W	T	F	M	T	W	T	F	M	T	W	T	F	M	T	W	T	F	M	T	W	T
Date																								
Assignments or Attendance																								
Name																								
1																								
2																								
3																								
4																								
5																								
6																								
7																								
8																								
9																								
10																								
11																								
12																								
13																								
14																								
15																								
16																								
17																								
18																								
19																								
20																								
21																								
22																								
23																								
24																								
25																								
26																								
27																								
28																								
29																								
30																								
31																								
32																								
33																								
34																								
35																								
36																								

PERIOD ____________________

Week____					Week____					Week____					Week____					Week____					Week
M	T	W	T	F	M	T	W	T	F	M	T	W	T	F	M	T	W	T	F	M	T	W	T	F	Day
																									Date
																									Assignments or Attendance
																									Name
																									1
																									2
																									3
																									4
																									5
																									6
																									7
																									8
																									9
																									10
																									11
																									12
																									13
																									14
																									15
																									16
																									17
																									18
																									19
																									20
																									21
																									22
																									23
																									24
																									25
																									26
																									27
																									28
																									29
																									30
																									31
																									32
																									33
																									34
																									35
																									36

SUBJECT ______________________________

Week	Week____					Week____					Week____					Week____					Week____				
Day	M	T	W	T	F	M	T	W	T	F	M	T	W	T	F	M	T	W	T	F	M	T	W	T	F
Date																									
Assignments or Attendance																									
Name																									
1																									
2																									
3																									
4																									
5																									
6																									
7																									
8																									
9																									
10																									
11																									
12																									
13																									
14																									
15																									
16																									
17																									
18																									
19																									
20																									
21																									
22																									
23																									
24																									
25																									
26																									
27																									
28																									
29																									
30																									
31																									
32																									
33																									
34																									
35																									
36																									

PERIOD ____________________

Week____					Week____					Week____					Week____					Week____					Week
M	T	W	T	F	M	T	W	T	F	M	T	W	T	F	M	T	W	T	F	M	T	W	T	F	Day
																									Date
																									Assignments or Attendance
																									Name
																									1
																									2
																									3
																									4
																									5
																									6
																									7
																									8
																									9
																									10
																									11
																									12
																									13
																									14
																									15
																									16
																									17
																									18
																									19
																									20
																									21
																									22
																									23
																									24
																									25
																									26
																									27
																									28
																									29
																									30
																									31
																									32
																									33
																									34
																									35
																									36

SUBJECT ____________________

Week	Week____					Week____					Week____					Week____					Week____				
Day	M	T	W	T	F	M	T	W	T	F	M	T	W	T	F	M	T	W	T	F	M	T	W	T	F
Date																									
Assignments or Attendance																									
Name																									
1																									
2																									
3																									
4																									
5																									
6																									
7																									
8																									
9																									
10																									
11																									
12																									
13																									
14																									
15																									
16																									
17																									
18																									
19																									
20																									
21																									
22																									
23																									
24																									
25																									
26																									
27																									
28																									
29																									
30																									
31																									
32																									
33																									
34																									
35																									
36																									

PERIOD ____________

Week____					Week____					Week____					Week____					Week____					Week
M	T	W	T	F	M	T	W	T	F	M	T	W	T	F	M	T	W	T	F	M	T	W	T	F	Day
																									Date
																									Assignments or Attendance
																									Name
																									1
																									2
																									3
																									4
																									5
																									6
																									7
																									8
																									9
																									10
																									11
																									12
																									13
																									14
																									15
																									16
																									17
																									18
																									19
																									20
																									21
																									22
																									23
																									24
																									25
																									26
																									27
																									28
																									29
																									30
																									31
																									32
																									33
																									34
																									35
																									36

SUBJECT ____________________

Week	Week____					Week____					Week____					Week____					Week____				
Day	M	T	W	T	F	M	T	W	T	F	M	T	W	T	F	M	T	W	T	F	M	T	W	T	F
Date																									
Assignments or Attendance																									
Name																									
1																									
2																									
3																									
4																									
5																									
6																									
7																									
8																									
9																									
10																									
11																									
12																									
13																									
14																									
15																									
16																									
17																									
18																									
19																									
20																									
21																									
22																									
23																									
24																									
25																									
26																									
27																									
28																									
29																									
30																									
31																									
32																									
33																									
34																									
35																									
36																									

PERIOD ______________________

Week____					Week____					Week____					Week____					Week____					Week
M	T	W	T	F	M	T	W	T	F	M	T	W	T	F	M	T	W	T	F	M	T	W	T	F	Day
																									Date
																									Assignments or Attendance
																									Name
																									1
																									2
																									3
																									4
																									5
																									6
																									7
																									8
																									9
																									10
																									11
																									12
																									13
																									14
																									15
																									16
																									17
																									18
																									19
																									20
																									21
																									22
																									23
																									24
																									25
																									26
																									27
																									28
																									29
																									30
																									31
																									32
																									33
																									34
																									35
																									36

SUBJECT ____________________

Week	Week____					Week____					Week____					Week____					Week____				
Day	M	T	W	T	F	M	T	W	T	F	M	T	W	T	F	M	T	W	T	F	M	T	W	T	F
Date																									
Assignments or Attendance																									
Name																									
1																									
2																									
3																									
4																									
5																									
6																									
7																									
8																									
9																									
10																									
11																									
12																									
13																									
14																									
15																									
16																									
17																									
18																									
19																									
20																									
21																									
22																									
23																									
24																									
25																									
26																									
27																									
28																									
29																									
30																									
31																									
32																									
33																									
34																									
35																									
36																									

PERIOD____________________

Week____					Week____					Week____					Week____					Week____					Week
M	T	W	T	F	M	T	W	T	F	M	T	W	T	F	M	T	W	T	F	M	T	W	T	F	Day
																									Date
																									Assignments or Attendance
																									Name
																									1
																									2
																									3
																									4
																									5
																									6
																									7
																									8
																									9
																									10
																									11
																									12
																									13
																									14
																									15
																									16
																									17
																									18
																									19
																									20
																									21
																									22
																									23
																									24
																									25
																									26
																									27
																									28
																									29
																									30
																									31
																									32
																									33
																									34
																									35
																									36

SUBJECT ____________________

Week	Week____					Week____					Week____					Week____					Week____				
Day	M	T	W	T	F	M	T	W	T	F	M	T	W	T	F	M	T	W	T	F	M	T	W	T	F
Date																									
Assignments or Attendance																									
Name																									
1																									
2																									
3																									
4																									
5																									
6																									
7																									
8																									
9																									
10																									
11																									
12																									
13																									
14																									
15																									
16																									
17																									
18																									
19																									
20																									
21																									
22																									
23																									
24																									
25																									
26																									
27																									
28																									
29																									
30																									
31																									
32																									
33																									
34																									
35																									
36																									

PERIOD ____________________

Week____					Week____					Week____					Week____					Week____					Week
M	T	W	T	F	M	T	W	T	F	M	T	W	T	F	M	T	W	T	F	M	T	W	T	F	Day
																									Date
																									Assignments or Attendance
																									Name
																									1
																									2
																									3
																									4
																									5
																									6
																									7
																									8
																									9
																									10
																									11
																									12
																									13
																									14
																									15
																									16
																									17
																									18
																									19
																									20
																									21
																									22
																									23
																									24
																									25
																									26
																									27
																									28
																									29
																									30
																									31
																									32
																									33
																									34
																									35
																									36

SUBJECT ____________________

Week	Week____					Week____					Week____					Week____					Week____				
Day	M	T	W	T	F	M	T	W	T	F	M	T	W	T	F	M	T	W	T	F	M	T	W	T	F
Date																									
Assignments or Attendance																									
Name																									
1																									
2																									
3																									
4																									
5																									
6																									
7																									
8																									
9																									
10																									
11																									
12																									
13																									
14																									
15																									
16																									
17																									
18																									
19																									
20																									
21																									
22																									
23																									
24																									
25																									
26																									
27																									
28																									
29																									
30																									
31																									
32																									
33																									
34																									
35																									
36																									

PERIOD ____________

Week____					Week____					Week____					Week____					Week____					Week
M	T	W	T	F	M	T	W	T	F	M	T	W	T	F	M	T	W	T	F	M	T	W	T	F	Day
																									Date
																									Assignments or Attendance
																									Name
																									1
																									2
																									3
																									4
																									5
																									6
																									7
																									8
																									9
																									10
																									11
																									12
																									13
																									14
																									15
																									16
																									17
																									18
																									19
																									20
																									21
																									22
																									23
																									24
																									25
																									26
																									27
																									28
																									29
																									30
																									31
																									32
																									33
																									34
																									35
																									36

SUBJECT ____________________

Week	Week____					Week____					Week____					Week____					Week____				
Day	M	T	W	T	F	M	T	W	T	F	M	T	W	T	F	M	T	W	T	F	M	T	W	T	F
Date																									
Assignments or Attendance																									
Name																									
1																									
2																									
3																									
4																									
5																									
6																									
7																									
8																									
9																									
10																									
11																									
12																									
13																									
14																									
15																									
16																									
17																									
18																									
19																									
20																									
21																									
22																									
23																									
24																									
25																									
26																									
27																									
28																									
29																									
30																									
31																									
32																									
33																									
34																									
35																									
36																									

PERIOD ____________________

Week____					Week____					Week____					Week____					Week____					Week
M	T	W	T	F	M	T	W	T	F	M	T	W	T	F	M	T	W	T	F	M	T	W	T	F	Day
																									Date
																									Assignments or Attendance
																									Name
																									1
																									2
																									3
																									4
																									5
																									6
																									7
																									8
																									9
																									10
																									11
																									12
																									13
																									14
																									15
																									16
																									17
																									18
																									19
																									20
																									21
																									22
																									23
																									24
																									25
																									26
																									27
																									28
																									29
																									30
																									31
																									32
																									33
																									34
																									35
																									36

SUBJECT ____________________

Week	Week____					Week____					Week____					Week____					Week____				
Day	M	T	W	T	F	M	T	W	T	F	M	T	W	T	F	M	T	W	T	F	M	T	W	T	F
Date																									
Assignments or Attendance																									
Name																									
1																									
2																									
3																									
4																									
5																									
6																									
7																									
8																									
9																									
10																									
11																									
12																									
13																									
14																									
15																									
16																									
17																									
18																									
19																									
20																									
21																									
22																									
23																									
24																									
25																									
26																									
27																									
28																									
29																									
30																									
31																									
32																									
33																									
34																									
35																									
36																									

PERIOD ____________________

Week____					Week____					Week____					Week____					Week____					Week
M	T	W	T	F	M	T	W	T	F	M	T	W	T	F	M	T	W	T	F	M	T	W	T	F	Day
																									Date
																									Assignments or Attendance
																									Name
																									1
																									2
																									3
																									4
																									5
																									6
																									7
																									8
																									9
																									10
																									11
																									12
																									13
																									14
																									15
																									16
																									17
																									18
																									19
																									20
																									21
																									22
																									23
																									24
																									25
																									26
																									27
																									28
																									29
																									30
																									31
																									32
																									33
																									34
																									35
																									36

SUBJECT ____________________

Week	Week____					Week____					Week____					Week____					Week____				
Day	M	T	W	T	F	M	T	W	T	F	M	T	W	T	F	M	T	W	T	F	M	T	W	T	F
Date																									
Assignments or Attendance																									
Name																									
1																									
2																									
3																									
4																									
5																									
6																									
7																									
8																									
9																									
10																									
11																									
12																									
13																									
14																									
15																									
16																									
17																									
18																									
19																									
20																									
21																									
22																									
23																									
24																									
25																									
26																									
27																									
28																									
29																									
30																									
31																									
32																									
33																									
34																									
35																									
36																									

PERIOD ________________

Week____					Week____					Week____					Week____					Week____					Week
M	T	W	T	F	M	T	W	T	F	M	T	W	T	F	M	T	W	T	F	M	T	W	T	F	Day
																									Date
																									Assignments or Attendance
																									Name
																									1
																									2
																									3
																									4
																									5
																									6
																									7
																									8
																									9
																									10
																									11
																									12
																									13
																									14
																									15
																									16
																									17
																									18
																									19
																									20
																									21
																									22
																									23
																									24
																									25
																									26
																									27
																									28
																									29
																									30
																									31
																									32
																									33
																									34
																									35
																									36

SUBJECT ____________________

Week	Week____					Week____					Week____					Week____					Week____				
Day	M	T	W	T	F	M	T	W	T	F	M	T	W	T	F	M	T	W	T	F	M	T	W	T	F
Date																									
Assignments or Attendance																									
Name																									
1																									
2																									
3																									
4																									
5																									
6																									
7																									
8																									
9																									
10																									
11																									
12																									
13																									
14																									
15																									
16																									
17																									
18																									
19																									
20																									
21																									
22																									
23																									
24																									
25																									
26																									
27																									
28																									
29																									
30																									
31																									
32																									
33																									
34																									
35																									
36																									

PERIOD ____________________

Week____					Week____					Week____					Week____					Week____					Week
M	T	W	T	F	M	T	W	T	F	M	T	W	T	F	M	T	W	T	F	M	T	W	T	F	Day
																									Date
																									Assignments or Attendance
																									Name
																									1
																									2
																									3
																									4
																									5
																									6
																									7
																									8
																									9
																									10
																									11
																									12
																									13
																									14
																									15
																									16
																									17
																									18
																									19
																									20
																									21
																									22
																									23
																									24
																									25
																									26
																									27
																									28
																									29
																									30
																									31
																									32
																									33
																									34
																									35
																									36

SUBJECT ______________________________

Week	Week____					Week____					Week____					Week____					Week____				
Day	M	T	W	T	F	M	T	W	T	F	M	T	W	T	F	M	T	W	T	F	M	T	W	T	F
Date																									
Assignments or Attendance																									
Name																									
1																									
2																									
3																									
4																									
5																									
6																									
7																									
8																									
9																									
10																									
11																									
12																									
13																									
14																									
15																									
16																									
17																									
18																									
19																									
20																									
21																									
22																									
23																									
24																									
25																									
26																									
27																									
28																									
29																									
30																									
31																									
32																									
33																									
34																									
35																									
36																									

Period ____________________

Week____					Week____					Week____					Week____					Week____					Week
M	T	W	T	F	M	T	W	T	F	M	T	W	T	F	M	T	W	T	F	M	T	W	T	F	Day
																									Date
																									Assignments or Attendance
																									Name
																									1
																									2
																									3
																									4
																									5
																									6
																									7
																									8
																									9
																									10
																									11
																									12
																									13
																									14
																									15
																									16
																									17
																									18
																									19
																									20
																									21
																									22
																									23
																									24
																									25
																									26
																									27
																									28
																									29
																									30
																									31
																									32
																									33
																									34
																									35
																									36

SUBJECT ______________________________

Week	Week____					Week____					Week____					Week____					Week____				
Day	M	T	W	T	F	M	T	W	T	F	M	T	W	T	F	M	T	W	T	F	M	T	W	T	F
Date																									
Assignments or Attendance																									
Name																									
1																									
2																									
3																									
4																									
5																									
6																									
7																									
8																									
9																									
10																									
11																									
12																									
13																									
14																									
15																									
16																									
17																									
18																									
19																									
20																									
21																									
22																									
23																									
24																									
25																									
26																									
27																									
28																									
29																									
30																									
31																									
32																									
33																									
34																									
35																									
36																									

PERIOD ______________________

Week____					Week____					Week____					Week____					Week____					Week
M	T	W	T	F	M	T	W	T	F	M	T	W	T	F	M	T	W	T	F	M	T	W	T	F	Day
																									Date
																									Assignments or Attendance
																									Name
																									1
																									2
																									3
																									4
																									5
																									6
																									7
																									8
																									9
																									10
																									11
																									12
																									13
																									14
																									15
																									16
																									17
																									18
																									19
																									20
																									21
																									22
																									23
																									24
																									25
																									26
																									27
																									28
																									29
																									30
																									31
																									32
																									33
																									34
																									35
																									36

SUBJECT ____________________

Week	Week____					Week____					Week____					Week____					Week____				
Day	M	T	W	T	F	M	T	W	T	F	M	T	W	T	F	M	T	W	T	F	M	T	W	T	F
Date																									
Assignments or Attendance																									
Name																									
1																									
2																									
3																									
4																									
5																									
6																									
7																									
8																									
9																									
10																									
11																									
12																									
13																									
14																									
15																									
16																									
17																									
18																									
19																									
20																									
21																									
22																									
23																									
24																									
25																									
26																									
27																									
28																									
29																									
30																									
31																									
32																									
33																									
34																									
35																									
36																									

PERIOD ____________________

Week____					Week____					Week____					Week____					Week____					Week
M	T	W	T	F	M	T	W	T	F	M	T	W	T	F	M	T	W	T	F	M	T	W	T	F	Day
																									Date
																									Assignments or Attendance
																									Name
																									1
																									2
																									3
																									4
																									5
																									6
																									7
																									8
																									9
																									10
																									11
																									12
																									13
																									14
																									15
																									16
																									17
																									18
																									19
																									20
																									21
																									22
																									23
																									24
																									25
																									26
																									27
																									28
																									29
																									30
																									31
																									32
																									33
																									34
																									35
																									36

SUBJECT ______________________________

Week	Week____					Week____					Week____					Week____					Week____				
Day	M	T	W	T	F	M	T	W	T	F	M	T	W	T	F	M	T	W	T	F	M	T	W	T	F
Date																									
Assignments or Attendance																									
Name																									
1																									
2																									
3																									
4																									
5																									
6																									
7																									
8																									
9																									
10																									
11																									
12																									
13																									
14																									
15																									
16																									
17																									
18																									
19																									
20																									
21																									
22																									
23																									
24																									
25																									
26																									
27																									
28																									
29																									
30																									
31																									
32																									
33																									
34																									
35																									
36																									

PERIOD ____________________

Week____					Week____					Week____					Week____					Week____					Week
M	T	W	T	F	M	T	W	T	F	M	T	W	T	F	M	T	W	T	F	M	T	W	T	F	Day
																									Date
																									Assignments or Attendance
																									Name
																									1
																									2
																									3
																									4
																									5
																									6
																									7
																									8
																									9
																									10
																									11
																									12
																									13
																									14
																									15
																									16
																									17
																									18
																									19
																									20
																									21
																									22
																									23
																									24
																									25
																									26
																									27
																									28
																									29
																									30
																									31
																									32
																									33
																									34
																									35
																									36

SUBJECT ____________________

Week	Week____					Week____					Week____					Week____					Week____				
Day	M	T	W	T	F	M	T	W	T	F	M	T	W	T	F	M	T	W	T	F	M	T	W	T	F
Date																									
Assignments or Attendance																									
Name																									
1																									
2																									
3																									
4																									
5																									
6																									
7																									
8																									
9																									
10																									
11																									
12																									
13																									
14																									
15																									
16																									
17																									
18																									
19																									
20																									
21																									
22																									
23																									
24																									
25																									
26																									
27																									
28																									
29																									
30																									
31																									
32																									
33																									
34																									
35																									
36																									

PERIOD ____________________

Week____					Week____					Week____					Week____					Week____					Week
M	T	W	T	F	M	T	W	T	F	M	T	W	T	F	M	T	W	T	F	M	T	W	T	F	Day
																									Date
																									Assignments or Attendance
																									Name
																									1
																									2
																									3
																									4
																									5
																									6
																									7
																									8
																									9
																									10
																									11
																									12
																									13
																									14
																									15
																									16
																									17
																									18
																									19
																									20
																									21
																									22
																									23
																									24
																									25
																									26
																									27
																									28
																									29
																									30
																									31
																									32
																									33
																									34
																									35
																									36

Subject ______________________________

Week	Week____					Week____					Week____					Week____					Week____			
Day	M	T	W	T	F	M	T	W	T	F	M	T	W	T	F	M	T	W	T	F	M	T	W	T
Date																								
Assignments or Attendance																								
Name																								
1																								
2																								
3																								
4																								
5																								
6																								
7																								
8																								
9																								
10																								
11																								
12																								
13																								
14																								
15																								
16																								
17																								
18																								
19																								
20																								
21																								
22																								
23																								
24																								
25																								
26																								
27																								
28																								
29																								
30																								
31																								
32																								
33																								
34																								
35																								
36																								

PERIOD ____________

Week____					Week____					Week____					Week____					Week____					Week
M	T	W	T	F	M	T	W	T	F	M	T	W	T	F	M	T	W	T	F	M	T	W	T	F	Day
																									Date
																									Assignments or Attendance
																									Name
																									1
																									2
																									3
																									4
																									5
																									6
																									7
																									8
																									9
																									10
																									11
																									12
																									13
																									14
																									15
																									16
																									17
																									18
																									19
																									20
																									21
																									22
																									23
																									24
																									25
																									26
																									27
																									28
																									29
																									30
																									31
																									32
																									33
																									34
																									35
																									36

SUBJECT ____________________

Week	Week____					Week____					Week____					Week____					Week____				
Day	M	T	W	T	F	M	T	W	T	F	M	T	W	T	F	M	T	W	T	F	M	T	W	T	F
Date																									
Assignments or Attendance																									
Name																									
1																									
2																									
3																									
4																									
5																									
6																									
7																									
8																									
9																									
10																									
11																									
12																									
13																									
14																									
15																									
16																									
17																									
18																									
19																									
20																									
21																									
22																									
23																									
24																									
25																									
26																									
27																									
28																									
29																									
30																									
31																									
32																									
33																									
34																									
35																									
36																									

PERIOD ______________________

Week____					Week____					Week____					Week____					Week____					Week
M	T	W	T	F	M	T	W	T	F	M	T	W	T	F	M	T	W	T	F	M	T	W	T	F	Day
																									Date
																									Assignments or Attendance
																									Name
																									1
																									2
																									3
																									4
																									5
																									6
																									7
																									8
																									9
																									10
																									11
																									12
																									13
																									14
																									15
																									16
																									17
																									18
																									19
																									20
																									21
																									22
																									23
																									24
																									25
																									26
																									27
																									28
																									29
																									30
																									31
																									32
																									33
																									34
																									35
																									36

SUBJECT ____________________

Week	Week____					Week____					Week____					Week____					Week____				
Day	M	T	W	T	F	M	T	W	T	F	M	T	W	T	F	M	T	W	T	F	M	T	W	T	F
Date																									
Assignments or Attendance																									
Name																									
1																									
2																									
3																									
4																									
5																									
6																									
7																									
8																									
9																									
10																									
11																									
12																									
13																									
14																									
15																									
16																									
17																									
18																									
19																									
20																									
21																									
22																									
23																									
24																									
25																									
26																									
27																									
28																									
29																									
30																									
31																									
32																									
33																									
34																									
35																									
36																									

PERIOD ____________

Week____					Week____					Week____					Week____					Week____					Week
M	T	W	T	F	M	T	W	T	F	M	T	W	T	F	M	T	W	T	F	M	T	W	T	F	Day
																									Date
																									Assignments or Attendance
																									Name
																									1
																									2
																									3
																									4
																									5
																									6
																									7
																									8
																									9
																									10
																									11
																									12
																									13
																									14
																									15
																									16
																									17
																									18
																									19
																									20
																									21
																									22
																									23
																									24
																									25
																									26
																									27
																									28
																									29
																									30
																									31
																									32
																									33
																									34
																									35
																									36

SUBJECT ____________________

Week	Week____					Week____					Week____					Week____					Week____				
Day	M	T	W	T	F	M	T	W	T	F	M	T	W	T	F	M	T	W	T	F	M	T	W	T	F
Date																									
Assignments or Attendance																									
Name																									
1																									
2																									
3																									
4																									
5																									
6																									
7																									
8																									
9																									
10																									
11																									
12																									
13																									
14																									
15																									
16																									
17																									
18																									
19																									
20																									
21																									
22																									
23																									
24																									
25																									
26																									
27																									
28																									
29																									
30																									
31																									
32																									
33																									
34																									
35																									
36																									

PERIOD ____________________

Week____					Week____					Week____					Week____					Week____					Week
M	T	W	T	F	M	T	W	T	F	M	T	W	T	F	M	T	W	T	F	M	T	W	T	F	Day
																									Date
																									Assignments or Attendance
																									Name
																									1
																									2
																									3
																									4
																									5
																									6
																									7
																									8
																									9
																									10
																									11
																									12
																									13
																									14
																									15
																									16
																									17
																									18
																									19
																									20
																									21
																									22
																									23
																									24
																									25
																									26
																									27
																									28
																									29
																									30
																									31
																									32
																									33
																									34
																									35
																									36

SUBJECT ______________________

Week	Week____					Week____					Week____					Week____					Week____				
Day	M	T	W	T	F	M	T	W	T	F	M	T	W	T	F	M	T	W	T	F	M	T	W	T	F
Date																									
Assignments or Attendance																									
Name																									
1																									
2																									
3																									
4																									
5																									
6																									
7																									
8																									
9																									
10																									
11																									
12																									
13																									
14																									
15																									
16																									
17																									
18																									
19																									
20																									
21																									
22																									
23																									
24																									
25																									
26																									
27																									
28																									
29																									
30																									
31																									
32																									
33																									
34																									
35																									
36																									

PERIOD ____________

Week____					Week____					Week____					Week____					Week____					Week
M	T	W	T	F	M	T	W	T	F	M	T	W	T	F	M	T	W	T	F	M	T	W	T	F	Day
																									Date
																									Assignments or Attendance
																									Name
																									1
																									2
																									3
																									4
																									5
																									6
																									7
																									8
																									9
																									10
																									11
																									12
																									13
																									14
																									15
																									16
																									17
																									18
																									19
																									20
																									21
																									22
																									23
																									24
																									25
																									26
																									27
																									28
																									29
																									30
																									31
																									32
																									33
																									34
																									35
																									36

SUBJECT ____________________

Week	Week____					Week____					Week____					Week____					Week____				
Day	M	T	W	T	F	M	T	W	T	F	M	T	W	T	F	M	T	W	T	F	M	T	W	T	F
Date																									
Assignments or Attendance																									
Name																									
1																									
2																									
3																									
4																									
5																									
6																									
7																									
8																									
9																									
10																									
11																									
12																									
13																									
14																									
15																									
16																									
17																									
18																									
19																									
20																									
21																									
22																									
23																									
24																									
25																									
26																									
27																									
28																									
29																									
30																									
31																									
32																									
33																									
34																									
35																									
36																									

PERIOD ____________________

Week____					Week____					Week____					Week____					Week____					Week
M	T	W	T	F	M	T	W	T	F	M	T	W	T	F	M	T	W	T	F	M	T	W	T	F	Day
																									Date
																									Assignments or Attendance
																									Name
																									1
																									2
																									3
																									4
																									5
																									6
																									7
																									8
																									9
																									10
																									11
																									12
																									13
																									14
																									15
																									16
																									17
																									18
																									19
																									20
																									21
																									22
																									23
																									24
																									25
																									26
																									27
																									28
																									29
																									30
																									31
																									32
																									33
																									34
																									35
																									36

Subject ____________________

Week	Week____					Week____					Week____					Week____					Week____				
Day	M	T	W	T	F	M	T	W	T	F	M	T	W	T	F	M	T	W	T	F	M	T	W	T	F
Date																									
Assignments or Attendance																									
Name																									
1																									
2																									
3																									
4																									
5																									
6																									
7																									
8																									
9																									
10																									
11																									
12																									
13																									
14																									
15																									
16																									
17																									
18																									
19																									
20																									
21																									
22																									
23																									
24																									
25																									
26																									
27																									
28																									
29																									
30																									
31																									
32																									
33																									
34																									
35																									
36																									

PERIOD ____________________

Week____					Week____					Week____					Week____					Week____					Week
M	T	W	T	F	M	T	W	T	F	M	T	W	T	F	M	T	W	T	F	M	T	W	T	F	Day
																									Date
																									Assignments or Attendance
																									Name
																									1
																									2
																									3
																									4
																									5
																									6
																									7
																									8
																									9
																									10
																									11
																									12
																									13
																									14
																									15
																									16
																									17
																									18
																									19
																									20
																									21
																									22
																									23
																									24
																									25
																									26
																									27
																									28
																									29
																									30
																									31
																									32
																									33
																									34
																									35
																									36

SUBJECT ____________________

Week	Week____					Week____					Week____					Week____					Week____				
Day	M	T	W	T	F	M	T	W	T	F	M	T	W	T	F	M	T	W	T	F	M	T	W	T	F
Date																									
Assignments or Attendance																									
Name																									
1																									
2																									
3																									
4																									
5																									
6																									
7																									
8																									
9																									
10																									
11																									
12																									
13																									
14																									
15																									
16																									
17																									
18																									
19																									
20																									
21																									
22																									
23																									
24																									
25																									
26																									
27																									
28																									
29																									
30																									
31																									
32																									
33																									
34																									
35																									
36																									

PERIOD ____________________

Week____					Week____					Week____					Week____					Week____					Week
M	T	W	T	F	M	T	W	T	F	M	T	W	T	F	M	T	W	T	F	M	T	W	T	F	Day
																									Date
																									Assignments or Attendance
																									Name
																									1
																									2
																									3
																									4
																									5
																									6
																									7
																									8
																									9
																									10
																									11
																									12
																									13
																									14
																									15
																									16
																									17
																									18
																									19
																									20
																									21
																									22
																									23
																									24
																									25
																									26
																									27
																									28
																									29
																									30
																									31
																									32
																									33
																									34
																									35
																									36

SUBJECT ____________________

Week	Week____					Week____					Week____					Week____					Week____				
Day	M	T	W	T	F	M	T	W	T	F	M	T	W	T	F	M	T	W	T	F	M	T	W	T	F
Date																									
Assignments or Attendance																									
Name																									
1																									
2																									
3																									
4																									
5																									
6																									
7																									
8																									
9																									
10																									
11																									
12																									
13																									
14																									
15																									
16																									
17																									
18																									
19																									
20																									
21																									
22																									
23																									
24																									
25																									
26																									
27																									
28																									
29																									
30																									
31																									
32																									
33																									
34																									
35																									
36																									

PERIOD ____________________

Week____					Week____					Week____					Week____					Week____					Week
M	T	W	T	F	M	T	W	T	F	M	T	W	T	F	M	T	W	T	F	M	T	W	T	F	Day
																									Date
																									Assignments or Attendance
																									Name
																									1
																									2
																									3
																									4
																									5
																									6
																									7
																									8
																									9
																									10
																									11
																									12
																									13
																									14
																									15
																									16
																									17
																									18
																									19
																									20
																									21
																									22
																									23
																									24
																									25
																									26
																									27
																									28
																									29
																									30
																									31
																									32
																									33
																									34
																									35
																									36

SUBJECT ____________________

Week	Week____					Week____					Week____					Week____					Week____				
Day	M	T	W	T	F	M	T	W	T	F	M	T	W	T	F	M	T	W	T	F	M	T	W	T	F
Date																									
Assignments or Attendance																									
Name																									
1																									
2																									
3																									
4																									
5																									
6																									
7																									
8																									
9																									
10																									
11																									
12																									
13																									
14																									
15																									
16																									
17																									
18																									
19																									
20																									
21																									
22																									
23																									
24																									
25																									
26																									
27																									
28																									
29																									
30																									
31																									
32																									
33																									
34																									
35																									
36																									

PERIOD ____________________

Week____					Week____					Week____					Week____					Week____					Week
M	T	W	T	F	M	T	W	T	F	M	T	W	T	F	M	T	W	T	F	M	T	W	T	F	Day
																									Date
																									Assignments or Attendance
																									Name
																									1
																									2
																									3
																									4
																									5
																									6
																									7
																									8
																									9
																									10
																									11
																									12
																									13
																									14
																									15
																									16
																									17
																									18
																									19
																									20
																									21
																									22
																									23
																									24
																									25
																									26
																									27
																									28
																									29
																									30
																									31
																									32
																									33
																									34
																									35
																									36

SUBJECT ____________________

Week	Week____					Week____					Week____					Week____					Week____			
Day	M	T	W	T	F	M	T	W	T	F	M	T	W	T	F	M	T	W	T	F	M	T	W	T
Date																								
Assignments or Attendance																								
Name																								
1																								
2																								
3																								
4																								
5																								
6																								
7																								
8																								
9																								
10																								
11																								
12																								
13																								
14																								
15																								
16																								
17																								
18																								
19																								
20																								
21																								
22																								
23																								
24																								
25																								
26																								
27																								
28																								
29																								
30																								
31																								
32																								
33																								
34																								
35																								
36																								

PERIOD ____________________

Week____					Week____					Week____					Week____					Week____					Week
	T	W	T	F	M	T	W	T	F	M	T	W	T	F	M	T	W	T	F	M	T	W	T	F	Day
																									Date
																									Assignments or Attendance
																									Name
																									1
																									2
																									3
																									4
																									5
																									6
																									7
																									8
																									9
																									10
																									11
																									12
																									13
																									14
																									15
																									16
																									17
																									18
																									19
																									20
																									21
																									22
																									23
																									24
																									25
																									26
																									27
																									28
																									29
																									30
																									31
																									32
																									33
																									34
																									35
																									36

Subject ____________________

Week	Week____					Week____					Week____					Week____					Week____			
Day	M	T	W	T	F	M	T	W	T	F	M	T	W	T	F	M	T	W	T	F	M	T	W	T
Date																								
Assignments or Attendance																								
Name																								
1																								
2																								
3																								
4																								
5																								
6																								
7																								
8																								
9																								
10																								
11																								
12																								
13																								
14																								
15																								
16																								
17																								
18																								
19																								
20																								
21																								
22																								
23																								
24																								
25																								
26																								
27																								
28																								
29																								
30																								
31																								
32																								
33																								
34																								
35																								
36																								

PERIOD ________________________________

Week____					Week____					Week____					Week____					Week____					Week
	T	W	T	F	M	T	W	T	F	M	T	W	T	F	M	T	W	T	F	M	T	W	T	F	Day
																									Date
																									Assignments or Attendance
																									Name
																									1
																									2
																									3
																									4
																									5
																									6
																									7
																									8
																									9
																									10
																									11
																									12
																									13
																									14
																									15
																									16
																									17
																									18
																									19
																									20
																									21
																									22
																									23
																									24
																									25
																									26
																									27
																									28
																									29
																									30
																									31
																									32
																									33
																									34
																									35
																									36

SUBJECT ____________________

Week	Week____					Week____					Week____					Week____					Week____			
Day	M	T	W	T	F	M	T	W	T	F	M	T	W	T	F	M	T	W	T	F	M	T	W	T
Date																								
Assignments or Attendance																								
Name																								
1																								
2																								
3																								
4																								
5																								
6																								
7																								
8																								
9																								
10																								
11																								
12																								
13																								
14																								
15																								
16																								
17																								
18																								
19																								
20																								
21																								
22																								
23																								
24																								
25																								
26																								
27																								
28																								
29																								
30																								
31																								
32																								
33																								
34																								
35																								
36																								

Notes

NOTES